ÉLOGE DU

# Tajine

Isabelle Dreyfus

Photographies Éric Fénot
Stylisme Delphine Brunet

Hachette

# Sommaire


**Le tajine : une tradition au goût du jour** 5

**40 recettes de tajines** 15

Poissons et coquillages 16

Viandes 36

Volailles 52

Légumes 64

Desserts 78

**Index des recettes** 94

## Une virtuose du tajine

Le corps ceint d'un grand tablier blanc, les cheveux soigneusement serrés dans un petit foulard noir à la manière des femmes de son Maroc natal – au-dessus des oreilles – Myriam est penchée sur ses fourneaux. Objectivement, on est dans une cuisine installée à l'arrière-boutique d'un magasin de produits orientaux, dans le treizième arrondissement de Paris. Mais les parfums et fumets qui s'exhalent de partout nous transportent loin, très loin, dans un souk marocain par exemple, enivré de senteurs. Myriam, elle, s'affaire à la préparation d'un repas de mariage pour trois cents personnes. Elle est traiteur. Elle n'a pas fait d'école de cuisine, n'a pas fréquenté les grands chefs. Elle a regardé faire sa mère… « Petite fille déjà, j'étais portée par la passion de cuisiner ; alors à Meknés, où j'ai grandi, je l'observais, je l'aidais. » Éplucher les légumes, émincer les oignons, découper la viande, préparer le bouquet de persil, les femmes s'activaient… Accroupie à côté du *kanoun* (petit brasero au charbon de bois), telle un chef d'orchestre, la mère de famille dirigeait les opérations. Car là, l'interprétation est essentielle. D'ailleurs le mot *kanoun* désigne aussi une sorte de harpe à soixante cordes… Autant dire que le tajine est une symphonie d'arômes dont il ne faut pas jouer les ingrédients dans n'importe quel ordre, si l'on veut éviter les fausses notes. Tout est dans la nuance : allegro l'épluchage des légumes, andantino la cuisson, bien accordées les épices. « Il y a des gens qui jettent pêle-mêle tout ce qu'ils trouvent dans l'étagère à épices et ils croient que c'est ça le tajine », se désole Myriam. Non, on ne balance pas toute la gamme dans un accord. Il s'agit d'agencer quelques notes bien choisies, quelques saveurs bien senties.

## À l'origine : un récipient de terre

« À l'origine, les épices du tajine sont le safran – le vrai – le poivre blanc, le poivre gris et le gingembre. Pour les herbes, c'est le persil plat. » La coriandre ? « Non, ça casse la saveur. » La nuance, toujours la nuance. Cependant la coriandre, « le persil arabe » comme on dit parfois en France, est aujourd'hui très employée. Les temps changent… Et puis, moderato la matière grasse ! « À peine un fond d'huile. Pas n'importe laquelle. Traditionnellement, on utilise de l'huile d'olive à laquelle on peut ajouter une goutte d'huile d'argan, très savoureuse, excellente pour la santé et pour la peau. » Le teint de pêche de Myriam en est la preuve.

*Page de gauche* : sur les étals d'épices des souks marocains, les femmes, aujourd'hui comme hier, composent les arômes de leurs tajines.

*Ci-contre* : le « tajine » tient son nom du récipient en terre cuite dans lequel on le prépare, traditionnellement.

« Le tajine est marocain. Les autres pays du Maghreb l'ont adopté. Mais le vrai tajine vient du Maroc. Alors forcément, c'est là qu'il est le meilleur. »

Il tient son nom du récipient de terre dans lequel on le prépare. Disons plutôt dans lequel on le préparait. Car on ne peut quand même pas utiliser un *kanoun* dans la cuisine de son appartement. Quant à placer le plat de terre sur le gaz, on court le risque qu'il déborde ou se fende… adieu tajine, sauce, oignons épicés. Myriam elle-même concède (à contrecœur !) que la cocotte en fonte – comme celle dans laquelle nos grands-mères faisaient la daube – est aujourd'hui bien mieux adaptée. Ajoutons qu'il existe, par ailleurs, le tout récent et si pratique Tajine électrique, spécialement étudié pour reproduire dans nos cuisines la cuisson très doucement mijotée du petit brasero traditionnel.

## Mise en bouche

Qu'importe le flacon, pourvu qu'on ait l'ivresse ! Plat de la ville, plat de la campagne, du désert ou de la montagne, plat de fête, plat de tous les jours, le tajine se décline aux rythmes de vos désirs.

« Traditionnellement, on ne faisait que du tajine de poulet ou d'agneau. Plus tard, on a introduit le poisson et le bœuf. Aujourd'hui, on le fait avec tout ce qu'on veut » (à l'exception du *halouf,* le porc, viande proscrite dans la cuisine musulmane, comme dans la juive). « Par exemple, j'ai créé une recette de tajine de lapin. C'est très bon », sourit avec gourmandise Myriam qui ajoute : « Ma dernière trouvaille c'est le tajine aux mini-légumes, une merveille… »

C'est un fait, le tajine est aussi une grande coquette qui a ses modes, ses classiques, ses innovations. Le poulet-citron-olives, incontournable dans les années 1970 ? « C'est tout à fait démodé aujourd'hui », rétorque Myriam. « En revanche, l'agneau aux pruneaux est éternel. Je le prépare aussi avec des poires et des abricots secs ou avec des figues fraîches et des amandes. »

On rêve… on salive, soudain on a très faim. On passe commande à Myriam d'un de ses tajines ? Pas la peine, elle est prodigue et généreuse, n'hésitant pas à livrer ses recettes et ses petits trucs.

*Ci-contre et page de droite :* pois chiches et gombos ; le tajine peut se décliner sur le mode végétarien, en associant toutes sortes de légumes. *Double page suivante :* les dattes participent souvent aux associations sucrées-salées du tajine traditionnel.

## De l'arrivée du tajine en France

Comme le couscous, la pizza ou la cuisine chinoise, le tajine fait aujourd'hui partie du répertoire gastronomique des Français. À la fin des années 1950, lorsque les pays du Maghreb ont acquis leur indépendance, des milliers de Pieds noirs sont arrivés en métropole, apportant avec eux leurs traditions alimentaires. Et des senteurs nouvelles ont commencé de chatouiller les narines métropolitaines. Au gré d'une invitation, on découvrait le couscous, les cornes de gazelle, le thé à la menthe et le tajine.
Puis, ce fut la vague d'émigration nord-africaine. Les restaurants arabes accueillirent les Français qui poursuivirent, à prix modique, leur initiation aux saveurs orientales. Le coucous détrôna bientôt le cassoulet. Depuis, grâce à la démocratisation du tourisme, aux facilités de déplacement, on goûte, de vacances en voyages d'affaires, à toutes les cuisines. Celle du Maroc est certainement l'une des plus raffinées au monde et ce ne sont pas les Français qui vont faire la fine bouche, trop contents d'ajouter une corde savoureuse à leur arc de gourmets. D'ailleurs, le tajine se laisse volontiers naturaliser et se prête à de nouvelles interprétations. « Je trouve ça merveilleux. Il faut réinventer le tajine à partir des traditions culinaires de chacun. » Avec un choix de recettes dont la plupart sont nées de la créativité française, cet ouvrage répond au souhait de Myriam.

## Un plat facile à vivre

Si les Français dégustaient leur tajine dans un plat unique, comme dans les pays arabes, la délicate question de savoir qui va faire la vaisselle ne se poserait plus. Que de scènes de famille évitées ! Mais, tout de même, on peut noter que la préparation du tajine ne nécessite que peu d'ustensiles : un couteau, une planche à découper et, selon le temps dont on dispose, soit une cocotte en fonte, soit un autocuiseur, soit le Tajine électrique. D'une manière ou d'une autre, ne nous privons pas du plus démocratique des mets ! Si Henri IV avait été marocain, il aurait certainement prôné un dominical tajine plutôt que la poule au pot. Moyennant quoi, le menu eût été plus varié. Car le tajine est un plat à géométrie variable, une porte ouverte à l'imagination. Viande rouge, viande blanche, volaille, gibier, poisson, fruits de mer… salé, sucré-salé ou bien – hors tradition – sucré tout court, pour le dessert : le tajine se réinvente sans cesse.
En ces temps de stress, de mères de familles débordées, de cuisines trop petites, le tajine, s'il doit cuire très longuement, demande un temps de préparation relativement rapide et constitue à lui seul un repas complet.

*Ci-contre et page de gauche* : le tajine, comme le thé à la menthe, illustre la convivialité de l'Orient. Ce plat généreux, facile à préparer, fait le bonheur des belles tablées d'amis.

Par ailleurs, c'est un plat léger et sain, voire même diététique et qui s'adapte aux saisons. Fruits et légumes frais des beaux jours, ou bien secs et confits à l'automne, il s'accommode de tout. Et s'ajuste à toutes les bourses : on peut aussi bien faire un tajine de poulet aux pommes de terre qu'un tajine d'ortolans aux truffes…

Il a également la modestie de se mettre au service de celui qui le prépare. Aux contraintes qu'imposent au cuisinier, l'œil fixé sur le minuteur, un soufflé ou un rôti, s'opposent la disponibilité et la tranquillité que laisse la cuisson d'un tajine. Une fois sur le feu, il mène sa vie et le cuisinier la sienne. On peut préparer le tajine la veille et le réchauffer au moment de servir, il n'en sera que meilleur. Pendant qu'il cuit, on peut papoter au téléphone, passer l'aspirateur, surfer sur Internet et surtout, si on a des convives, prendre l'apéritif avec eux sans craindre que le dîner ne soit trop cuit. Dans le monde arabe, on mange le tajine avec les mains – avec trois doigts de la main droite, très précisément. Dans ces conditions, il n'est pas question de se battre avec un morceau de viande récalcitrant. Délicatesse et propreté sont de rigueur, aussi la viande doit-elle se détacher aisément et être à cet effet bien cuite.

## Quelques règles d'or

Ne rêvons pas, il en est du tajine comme des pâtes ou des œufs à la coque. Plus c'est simple à préparer, plus ça demande de doigté. La réussite d'un tajine tient d'abord à l'art de mélanger les épices. Et l'assemblage, comme un mariage, peut être heureux ou raté.

L'ordre dans lequel on procède est également primordial. Le temps de cuisson des ingrédients n'est pas forcément le même. Il faut, dans certains cas, les placer progressivement, par couches successives.

La quantité d'eau à verser sur la préparation est fonction de celle qu'exprimeront les légumes et la viande. Au cuisinier de jouer avec les dosages en n'oubliant pas que la préparation – en particulier s'il utilise une cocotte – ne doit en aucun cas attacher au fond du récipient de cuisson et qu'il ne faut jamais touiller le mélange, sous aucun prétexte ! Pour une totale tranquillité d'esprit, on peut laisser au Tajine électrique et à son très patient mijotage, le soin de respecter ces règles d'or. N'hésitons pas à confier les lois de la tradition aux bons génies de nos cuisines modernes !

## À vous l'honneur !

Dès lors que vous ne dérogez pas à ces règles, sans lesquelles un tajine n'est pas un tajine, vous pouvez préparer celui qui vous chante, écrire la partition qui vous plaira, car le tajine est un art de composer un mets plus qu'un mets en soi. Mais faites vos gammes auparavant… Après tout, vous avez entre les mains un large choix de recettes, classiques ou originales, pour vous entraîner.

Le tajine se prête à toutes les innovations ; additionné d'eau de rose ou de fleur d'oranger, associé au miel, aux pommes ou aux cerises, c'est un fabuleux dessert.

ميمونة
Mymouné
ماء الورد
Eau de Roses
Rose Water
100% NATURAL

# 40 recettes de tajines

Les savoureuses recettes de tajines qui vous sont proposées ici ont été conçues pour être réalisées dans une bonne cocotte en fonte (ou dans tout autre ustensile équivalent, à couvercle et à fond épais). Elles peuvent, tout aussi bien, être doucement mitonnées dans un Tajine électrique ; mais, dans ce cas, veillez à adapter les proportions et les temps de cuisson en vous référant aux conseils du fabricant. Après quoi, il ne vous restera plus qu'à vous régaler de ces mille et une saveurs qui ensoleilleront votre table, en toutes occasions.

# Tajine de daurade au fenouil et céleri

16

***Pour 4 personnes***
***Préparation : 20 min***
***Cuisson : 35 min***
*4 petites daurades entières nettoyées par le poissonnier*
*2 gros oignons*
*1 gousse d'ail*
*1 céleri-branche*
*4 fenouils*
*1 cuil. à soupe de coriandre en grains*
*4 cuil. à soupe d'huile d'olive*
*le jus de 1 citron*
*2 étoiles de badiane (anis étoilé)*
*sel et poivre*

■ Épluchez les oignons et l'ail puis émincez-les. Nettoyez le céleri et coupez-le en tronçons. Lavez les fenouils et coupez-les en 2 dans le sens de la hauteur. Écrasez les grains de coriandre à l'aide d'un pilon.

■ Dans une cocotte, faites revenir 10 min à feu doux les oignons et l'ail dans l'huile. Lorsqu'ils sont fondants, posez dessus les fenouils, le céleri et enfin les daurades. Versez le jus de citron, saupoudrez avec la coriandre écrasée, ajoutez l'anis étoilé, salez, poivrez. Versez de l'eau à hauteur des poissons. Couvrez. Faites cuire à feu moyen 25 min.

■ Servez bien chaud, dans la cocotte.

■ *La daurade s'orthographie également « dorade ». Apparemment, en français, seule la daurade royale peut s'orthographier avec le « au », contrairement à la dorade grise ou rose. La grise est la moins chère mais sa chair est moins fine. Utilisez celle de votre choix, selon vos goûts et votre bourse.*

# Tajine de bar aux petits pois

***Pour 4 personnes***
***Préparation : 20 min***
***Cuisson : 35 min environ***
*4 grosses darnes de bar (environ 800 g)*
*400 g de petits pois écossés (frais de préférence)*
*2 gros oignons*
*1 gousse d'ail*
*1 cuil. à café de pistils de safran*
*4 cuil. à soupe d'huile d'olive*
*1 bâton de cannelle*
*sel et poivre*

■ Épluchez et émincez les oignons. Épluchez l'ail et coupez-le en 2. Faites fondre le safran dans 2 cuillerées à soupe d'eau chaude.

■ Dans une cocotte, faites chauffer l'huile. Puis faites revenir 5 min les oignons et l'ail. Ajoutez le safran et la cannelle et faites-les revenir 3 min en mélangeant. Ajoutez les petits pois dans la cocotte, posez les darnes de bar dessus, salez et poivrez. Versez de l'eau à hauteur du poisson et couvrez. Faites cuire à feu moyen 25 min.

■ Servez bien chaud directement dans la cocotte.

■ *Le safran se dissout mieux si on le fait fondre d'abord dans un peu d'eau chaude plutôt que de le mettre « à sec » dans l'huile.*

# Tajine de mérou aux pommes de terre

***Pour 4 personnes***
***Préparation : 20 min***
***Cuisson : 40 min***

*4 darnes de mérou (environ 800 g)*
*5 oignons*
*2 tomates*
*8 pommes de terre à chair ferme*
*1 cuil. à café de cumin en poudre*
*4 cuil. à soupe d'huile d'olive*
*1 cuil. à café de curcuma en poudre*
*quelques branches de coriandre fraîche*
*sel et poivre*

■ Épluchez et émincez les oignons. Lavez les tomates et coupez-les en quartiers. Pelez les pommes de terre. Coupez-les en 4. Badigeonnez le poisson avec le cumin.

■ Dans une cocotte, faites revenir 10 min dans l'huile les oignons avec le curcuma. Puis posez par-dessus les pommes de terre, les tomates et enfin les darnes de mérou. Salez, poivrez et couvrez d'eau. Faites cuire 30 min à feu moyen, à couvert.

■ Servez saupoudré de coriandre préalablement ciselée.

■ *Cette recette est délicieuse avec du mérou ; attendez donc, pour la faire, qu'il y ait du mérou chez votre poissonnier. Vous pouvez bien sûr utiliser un autre poisson à chair ferme, mais la recette serait moins intéressante.*

# Tajine de blanc de seiche aux fèves fraîches

***Pour 4 personnes***
***Préparation : 30 min***
***Cuisson : 40 min environ***
*800 g de seiches nettoyées*
*400 g de fèves fraîches écossées (encadré p. 64)*
*1 oignon*
*2 cuil. à soupe d'huile d'arachide*
*2 étoiles de badiane (anis étoilé)*
*1 bâton de cannelle*
*1 clou de girofle*
*2 cuil. à soupe de persil plat grossièrement haché*
*sel de Guérande et poivre*

■ Retirez la petite peau des fèves. Épluchez et coupez finement l'oignon. Coupez les seiches en rondelles.

■ Dans une cocotte, faites revenir l'oignon dans l'huile. Ajoutez les épices, les fèves, 1 cuillerée à soupe de persil et posez les rondelles de seiche sur le dessus. Couvrez d'eau. Salez avec le sel de Guérande et poivrez.

■ Laissez cuire à feu moyen et à couvert pendant 40 min.

■ Servez saupoudré du persil restant.

■ *Vous pouvez remplacer les seiches par des calamars qui sont plus tendres et tout aussi goûteux. Mais dans un cas comme dans l'autre demandez à votre poissonnier de vous les nettoyer en les laissant entiers.*

# Tajine d'espadon aux tomates et aux poivrons

***Pour 4 personnes***
***Préparation : 10 min***
***Cuisson : 40 min***
*2 grosses darnes d'espadon (environ 900 g)*
*2 oignons*
*2 gousses d'ail*
*2 tomates*
*2 poivrons rouges*
*4 cuil. à soupe d'huile d'olive*
*1 clou de girofle*
*1 cuil. à café de curcuma en poudre*
*1 cuil. à café de gingembre en poudre*
*1 bouquet de coriandre fraîche*
*sel*

■ Épluchez les oignons et l'ail et émincez-les. Lavez les tomates et les poivrons. Coupez les tomates en quartiers. Coupez les poivrons en 2, retirez les graines et le pédoncule puis coupez-les en lanières.

■ Dans une cocotte, faites revenir 10 min dans l'huile les oignons, l'ail et les lanières de poivrons. Ajoutez les épices, le sel et mélangez. Posez les quartiers de tomates et les darnes d'espadon par-dessus. Ajoutez la moitié du bouquet de coriandre préalablement ciselée et couvrez d'eau. Faites cuire 30 min à feu moyen, à couvert.

■ Servez saupoudré de la coriandre restante.

■ *Vous pouvez remplacer l'espadon par d'autres poissons à chair ferme comme le thon et le mérou ou même la lotte. Mais l'espadon est un poisson succulent que l'on trouve de plus en plus souvent sur nos marchés.*

# Tajine de mulet aux carottes et cumin

***Pour 4 personnes***
***Préparation : 20 min***
***Cuisson : 35 min environ***

*800 g de mulet nettoyé, entier et sans la tête*
*1 cuil. à café de cumin en poudre*
*4 oignons*
*1 gousse d'ail*
*4 grosses carottes*
*2 tomates*
*6 cuil. à soupe d'huile d'olive*
*1 cuil. à soupe de graines de cumin*
*1 bouquet de menthe fraîche*
*sel et poivre*

■ Coupez le mulet en gros tronçons et badigeonnez-les avec le cumin en poudre. Épluchez et émincez les oignons et l'ail. Épluchez les carottes et coupez-les en grosses rondelles. Lavez les tomates et coupez-les en 4.

■ Dans une cocotte, faites revenir dans l'huile l'ail, les oignons et les carottes. Ajoutez les tomates, les graines de cumin et la moitié du bouquet de menthe. Posez les morceaux de mulet dessus, salez et poivrez. Couvrez d'eau. Faites cuire 25 min à feu moyen et à couvert.

■ Servez saupoudré du reste de menthe préalablement ciselée.

■ *Le mulet a l'avantage d'être un bon poisson, avec peu d'arêtes, et surtout peu onéreux. Si vous n'en trouvez pas, faites cette recette avec du bar (qui, lui, est plus cher mais plus ferme).*

# Tajine de thon aux épices

***Pour 4 personnes***
***Préparation : 20 min***
***Cuisson : 45 min environ***
*4 darnes de thon (environ 800 g)*
*3 oignons*
*1 chou-fleur d'environ 500 g*
*400 g de haricots verts*
*4 cuil. à soupe d'huile d'olive*
*1 cuil. à soupe de cannelle en poudre*
*1 cuil. à soupe de cumin en poudre*
*1 cuil. à soupe de gingembre en poudre*
*1 cuil. à soupe de poivre moulu*
*1 cuil. à soupe de paprika en poudre*
*2 clous de girofle*
*sel*

■ Épluchez et émincez les oignons. Détachez les bouquets du chou-fleur, équeutez les haricots verts et plongez-les 2 min dans de l'eau bouillante salée. Égouttez-les et versez-les dans un grand saladier d'eau froide.

■ Dans une cocotte, faites fondre les oignons dans l'huile, ajoutez toutes les épices, couvrez avec 70 cl d'eau froide et, à ébullition, laissez réduire 10 min.

■ Plongez les darnes de thon dans la cocotte, salez et laissez cuire 15 min à feu moyen et à couvert avant d'ajouter le chou-fleur et les haricots verts. Laissez cuire encore 15 min.

■ Servez bien chaud.

■ *Pour que les haricots verts cuisent plus vite, soient plus tendres et plus verts, il est préférable de les plonger au préalable dans de l'eau bouillante salée puis de les rafraîchir dans un saladier d'eau froide. Cette dernière opération arrête la cuisson et permet aux haricots de conserver leur belle couleur.*

# Tajine de palourdes au citron confit

***Pour 4 personnes***
***Préparation : 15 min***
***Cuisson : 25 min environ***
*40 palourdes*
*3 oignons*
*400 g d'asperges vertes*
*4 cuil. à soupe d'huile d'arachide*
*1 citron confit (épicerie fine)*
*1 cuil. à soupe de coriandre en poudre*
*le jus de 1 citron*
*sel et poivre*

■ Épluchez et émincez les oignons. Nettoyez les asperges et coupez-les en 3 tronçons.

■ Faites ouvrir les palourdes dans une casserole en les remuant de temps en temps. Réservez-les ainsi que leur jus.

■ Dans une cocotte, faites revenir les oignons dans l'huile. Ajoutez le citron confit coupé en 2, la coriandre, le jus des palourdes, 50 cl d'eau froide, du sel et du poivre. À ébullition, laissez les ingrédients cuire 10 min à feu moyen avant d'y plonger les asperges. Laissez cuire 5 min puis ajoutez les palourdes et le jus de citron. Remuez délicatement et prolongez la cuisson encore 5 min.

■ Servez aussitôt.

■ *Faute de palourdes, vous pouvez utiliser des clams, des amandes de mer, des vernis ou autres coques.*

# Tajine de coquilles Saint-Jacques au miel

***Pour 4 personnes***
***Préparation : 15 min***
***Cuisson : 25 min***
*12 coquilles Saint-Jacques*
*1 pomme*
*200 g de raisins noirs frais (muscat de préférence)*
*2 cuil. à soupe d'huile d'arachide*
*3 cuil. à soupe de miel*
*100 g de raisins secs*
*1 éclat d'étoile de badiane (anis étoilé)*
*1 bâton de cannelle*
*sel et poivre*

■ Épluchez la pomme et coupez-la en petits cubes. Lavez les raisins frais et coupez-les en 2.

■ Dans une cocotte et à feu très doux, faites revenir 3 min les coquilles Saint-Jacques dans l'huile en les retournant une fois. Réservez les coquilles et l'eau qu'elles ont rendue.

■ Diluez le miel dans l'eau des coquilles, ajoutez les cubes de pomme, les raisins secs, l'anis, le bâton de cannelle et 20 cl d'eau. Mélangez bien et laissez cuire 15 min à couvert. Ajoutez alors les raisins frais et les coquilles Saint-Jacques. Poursuivez la cuisson encore 7 min à couvert.

■ Servez aussitôt.

# Tajine de lotte au citron confit et artichauts

***Pour 4 personnes***
***Préparation : 20 min***
***Cuisson : 30 min***
*700 g de queue de lotte en médaillons*
*1 gousse d'ail*
*1 gros oignon*
*6 artichauts poivrade*
*le jus de 1 citron*
*3 cuil. à soupe d'huile d'olive*
*1 cuil. à café de gingembre en poudre*
*1 cuil. à café de cumin en poudre*
*1 citron confit*
*100 g d'olives vertes*
*3 branches de coriandre fraîche*
*sel et poivre*

■ Épluchez l'ail et l'oignon et émincez-les. Nettoyez les artichauts et coupez-les en 4 dans le sens de la longueur. Pour éviter qu'ils ne noircissent, plongez-les dans un saladier d'eau additionnée du jus de citron.

■ Dans une cocotte faites revenir 5 min dans l'huile l'oignon, l'ail, les artichauts et les épices ainsi que le citron confit coupé en 4. Placez le poisson sur les légumes. Salez, poivrez et couvrez d'eau. Faites cuire à couvert 20 min à feu moyen. Retirez le couvercle, ajoutez les olives et laissez encore sur le feu 5 min.

■ Servez aussitôt saupoudré de la coriandre préalablement ciselée.

■ *Faites vous-même vos citrons confits : laissez-les tremper dans l'eau 3 jours, incisez-les en 4 sans détacher les quartiers, déposez 1 cuil. à café de gros sel dans chaque citron, rassemblez les entailles. Placez les citrons serrés dans un bocal avec 1 cuil. à soupe de gros sel, laissez macérer 3 jours puis ajoutez de l'eau s'ils ne baignent pas dans leur jus. Laissez confire 1 mois.*

# Tajine de collier d'agneau à la menthe et courgettes

***Pour 4 personnes***
***Préparation : 20 min***
***Cuisson : 55 min environ***
*4 beaux morceaux de collier d'agneau (ou 8 plus petits)*
*2 oignons*
*4 tomates*
*4 courgettes*
*1 gros bouquet de menthe fraîche*
*4 cuil. à soupe d'huile d'olive*
*2 cuil. à café de cumin en poudre*
*5 grains de coriandre*
*5 grains de poivre*
*1 boîte moyenne de pois chiches au naturel*
*sel et poivre*

■ Épluchez les oignons et coupez-les en rondelles. Plongez les tomates quelques instants dans une casserole d'eau bouillante afin de les éplucher puis coupez-les en quartiers. Lavez les courgettes, retirez les extrémités et coupez-les en grosses rondelles. Lavez la menthe.

■ Dans une cocotte, faites revenir dans l'huile d'olive le collier d'agneau avec les oignons. Ajoutez les épices, du sel et du poivre et mélangez bien. Ajoutez ensuite les tomates, et les deux tiers du bouquet de menthe. Couvrez d'eau et laissez cuire 30 min à couvert. Si le liquide réduit trop vite, rajoutez de l'eau.

■ Au bout de ce temps ajoutez dans la cocotte les courgettes en rondelles et les pois chiches rincés. Laissez cuire encore 20 min.

■ Servez saupoudré du restant de menthe préalablement ciselée.

■ *Le collier, qui est un des morceaux les plus goûteux de l'agneau, a aussi l'avantage d'être peu cher. Vous pouvez faire ce tajine la veille et le faire réchauffer le lendemain, il n'en sera que meilleur. Un plat unique idéal pour un dimanche soir d'hiver, après une bonne promenade dans la campagne !*

# Tajine d'épaule d'agneau à la sauge

***Pour 4 personnes***
***Préparation : 25 min***
***Cuisson : 40 min environ***
*900 g d'épaule d'agneau*
*3 oignons*
*2 carottes*
*2 poires fermes*
*4 cuil. à soupe d'huile d'arachide*
*1 étoile de badiane (anis étoilé)*
*1 pincée de pistils de safran*
*50 cl d'eau*
*8 feuilles de sauge*
*sel et poivre*

■ Coupez l'agneau en gros cubes. Épluchez les oignons, les carottes et les poires. Coupez les oignons en rondelles, les poires et les carottes en tronçons.

■ Dans une cocotte, faites revenir la viande dans l'huile. Ajoutez les oignons, l'anis, le safran et mélangez bien. Versez l'eau, ajoutez les carottes et les feuilles de sauge. Salez et poivrez. Laissez cuire à couvert pendant 20 min à feu doux. Ajoutez un peu d'eau si le mélange réduit trop vite.

■ Au bout de ce temps ajoutez les poires et poursuivez la cuisson encore 15 min.

■ Servez bien chaud.

# Tajine d'épaule d'agneau aux flageolets

***Pour 4 personnes***
***Préparation : 20 min***
***Cuisson : 50 min environ***
*900 g d'épaule d'agneau*
*500 g de flageolets écossés et frais*
*3 tomates*
*3 oignons*
*4 cuil. à soupe d'huile olive*
*10 grains de coriandre*
*1 cuil. à café de coriandre en poudre*
*1 cuil. à café de cumin en poudre*
*1 petit bouquet de coriandre fraîche*
*sel et poivre*

■ Coupez l'agneau en gros cubes. Plongez les tomates quelques instants dans une casserole d'eau bouillante afin de les peler puis coupez-les en quartiers. Épluchez les oignons et coupez-les en 2 puis en demi-rondelles.

■ Dans une cocotte, faites revenir la viande dans l'huile. Ajoutez les oignons et les épices puis mélangez quelques instants. Versez les flageolets, les tomates et 70 cl d'eau froide. Salez et poivrez. Faites cuire 45 min.

■ 10 min avant la fin de cuisson, ajoutez la moitié du bouquet de coriandre.

■ Servez saupoudré de la coriandre restante préalablement ciselée.

■ *Vous pouvez remplacer les flageolets par des michelets frais, ou mieux, par des tarbais frais. Ces derniers sont plus difficiles à trouver, surtout frais, mais c'est un vrai délice et ils ont la particularité de mieux s'imprégner de la saveur des épices et aromates que les autres haricots à écosser.*

# Tajine de tendron de veau aux grains de carvi, fenouil et mange-tout



***Pour 4 personnes***
***Préparation : 20 min***
***Cuisson : 40 min environ***
*900 g de tendron de veau en tranches*
*4 fenouils*
*400 g de haricots mange-tout*
*2 oignons*
*4 cuil. à soupe d'huile d'olive*
*2 cuil. à café de carvi en grains*
*1 cuil. à café de cumin en poudre*
*100 g d'amandes mondées*
*2 cuil. à soupe de persil plat haché*
*sel et poivre*

■ Nettoyez les fenouils puis coupez-les en 4. Coupez les mange-tout en 3 morceaux. Épluchez les oignons et détaillez-les en rondelles.

■ Dans une cocotte, faites revenir la viande dans l'huile d'olive. Ajoutez les oignons et les épices et mélangez bien. Salez et poivrez. Couvrez d'eau et laissez cuire pendant 20 min à feu moyen et à couvert. Ajoutez de l'eau si nécessaire.

■ Au bout de ce temps, ajoutez les fenouils, les mange-tout et les amandes. Poursuivez la cuisson encore 20 min.

■ Servez saupoudré de persil.

■ *Le carvi, d'origine asiatique, est une plante cultivée pour ses petites graines brunes, arquées et pointues aux deux extrémités. Par similitude de goût, on l'appelle aussi « faux anis ».*

# Tajine de jarret de veau à la tomate et au citron confit

***Pour 4 personnes***
***Préparation : 20 min***
***Cuisson : 50 min environ***
*4 grosses tranches de jarret de veau (ou 8 petites)*
*4 oignons*
*6 tomates*
*20 asperges vertes*
*4 cuil. à soupe d'huile d'olive*
*1 bâton de cannelle*
*2 clous de girofle*
*1 écorce de macis (encadré p. 46)*
*100 g de pistaches mondées*
*1 branchette de romarin*
*le jus de 1 citron*
*1 citron confit (en épicerie fine)*
*2 cuil. à soupe de cerfeuil haché*
*sel et poivre*

■ Épluchez les oignons puis ciselez-les. Plongez les tomates quelques instants dans une casserole d'eau bouillante afin de les peler et coupez-les en quartiers. Nettoyez les asperges puis coupez-les en 3 morceaux.

■ Dans une cocotte faites revenir les tranches de viande dans l'huile d'olive. Ajoutez les oignons et les épices et mélangez bien. Au bout de 5 min ajoutez les tomates, les pistaches, la branchette de romarin et le jus de citron. Salez et poivrez. Versez 60 cl d'eau et laissez cuire 25 min à feu moyen et à couvert. Ajoutez de l'eau si nécessaire.

■ Au bout de ce temps ajoutez le citron confit coupé en 8 ainsi que les asperges. Poursuivez la cuisson encore 20 min.

■ Servez bien chaud, saupoudré de cerfeuil.

# Tajine de paleron de bœuf, gombos et curcuma

***Pour 4 personnes***
***Préparation : 25 min***
***Cuisson : 1 h environ***
*800 g de paleron de bœuf*
*400 g de gombos frais (encadré p. 68)*
*2 oignons*
*4 tomates*
*4 cuil. à soupe d'huile d'olive*
*2 cuil. à café de curcuma en poudre*
*1 cuil. à café de cumin en poudre*
*1 clou de girofle*
*1 petite écorce de macis*
*le jus de 1 citron*
*sel et poivre*

■ Nettoyez les gombos. Épluchez les oignons et coupez-les en rondelles. Plongez les tomates dans une casserole d'eau bouillante quelques instants afin de les peler puis coupez-les en quartiers. Détaillez la viande en cubes.

■ Dans une cocotte, faites revenir la viande avec l'huile. Ajoutez les oignons et les épices et mélangez. Au bout de 5 min, ajoutez les tomates et le jus de citron. Salez et poivrez. Couvrez d'eau et laissez cuire à couvert 45 min à feu moyen. Ajoutez de l'eau si nécessaire.

■ Prélevez un peu de jus de cuisson de la viande et faites-y cuire les gombos environ 4 min. Puis, quand la viande est cuite, placez les gombos dessus, couvrez et laissez encore cuire 10 min à feu doux.

■ Servez bien chaud.

■ *Le macis est une sorte de dentelle (ou résille fibreuse) orangée qui recouvre la coque contenant la noix de muscade. Le macis a un parfum de cannelle et de poivre.*

# Tajine de collier d'agneau aux petits pois et patates douces

***Pour 4 personnes***
***Préparation : 20 min***
***Cuisson : 50 min environ***
*4 belles tranches de collier d'agneau*
*1 bâton de cannelle*
*1 cuil. à café de cannelle en poudre*
*1 éclat d'étoile de badiane (anis étoilé)*
*2 clous de girofle*
*1 verre de thé à la menthe fort*
*2 cuil. à soupe d'eau de fleur d'oranger (encadré p. 78)*
*2 oignons*
*2 tomates*
*2 patates douces*
*2 cuil. à soupe d'huile d'arachide*
*300 g de petits pois écossés (frais de préférence)*
*sel et poivre*

■ Placez les tranches de collier d'agneau dans un plat creux avec les épices et versez par-dessus le thé et l'eau de fleur d'oranger. Salez et poivrez. Laissez mariner 2 h.

■ Épluchez les oignons et coupez-les en tranches. Coupez les tomates en quartiers. Épluchez et coupez les patates douces en gros cubes.

■ Dans une cocotte, faites revenir les oignons dans l'huile avant d'y faire blondir la viande égouttée. Ajoutez les tomates et le jus de marinade avec les épices. Versez 50 cl d'eau et laissez cuire 20 min à feu moyen et à couvert. Goûtez la sauce, salez et poivrez si nécessaire.

■ Au bout de ce temps, ajoutez les petits pois et les cubes de patate douce. Poursuivez la cuisson encore 25 min.

■ Servez bien chaud.

■ *Pour faire le thé à la menthe, mettez 2 cuil. à café de thé* gunpowder *dans une théière avec environ 7 morceaux de sucre, versez 1 l d'eau bouillante et ajoutez 6 branchettes de menthe fraîche. Laissez infuser quelques minutes, mélangez et servez bien chaud dans de petits verres. Pour ce tajine, l'infusion se prépare seulement avec 4 sucres et 1/2 l d'eau pour la même quantité de thé et de menthe.*

# Tajine de *kefta* aux pommes de terre, tomates et marjolaine

***Pour 4 personnes***
***Préparation : 30 min***
***Cuisson : 50 min***
*600 g d'agneau haché (épaule, par exemple)*
*4 oignons*
*6 belles pommes de terre à chair ferme*
*3 tomates*
*2 cuil. à soupe de coriandre fraîche ciselée*
*1/2 cuil. à café de cumin en poudre*
*2 cuil. à café de* ras el-hanout
*4 cuil. à soupe d'huile d'olive*
*1 cuil. à café de gingembre en poudre*
*2 cuil. à café de piment doux (ou paprika) en poudre*
*4 brins de marjolaine*
*sel et poivre*

■ Épluchez les oignons, coupez 3 d'entre eux en rondelles et hachez finement le dernier. Épluchez et coupez les pommes de terre en gros cubes. Plongez les tomates quelques instants dans de l'eau bouillante afin de les peler puis coupez-les en quartiers.

■ Dans un saladier mélangez la viande d'agneau, l'oignon haché, la coriandre, le cumin et le *ras el-hanout*. Salez, poivrez et mélangez bien.

■ Dans une cocotte, faites revenir les oignons en rondelles dans l'huile pendant 10 min. Ajoutez le gingembre, le piment doux, la marjolaine et les tomates. Salez et poivrez. Versez 50 cl d'eau et faites cuire 20 min à feu moyen et à couvert.

■ Entre-temps, confectionnez des petites boulettes avec la viande assaisonnée. Plongez les pommes de terre dans la cocotte ainsi que les boulettes. Laissez cuire 20 min.

■ Retirez les brins de marjolaine et servez aussitôt.

■ *Le* ras el-hanout *est un mélange d'épices. Son nom signifie pour certains « patron de la maison » et pour d'autres « toit de la boutique »... L'épicier qui le prépare ne donne jamais le secret de ses proportions.*
Kefta *est le mot que l'on emploie au Maghreb pour les boulettes de viandes hachées.*

# Tajine de dinde aux figues sèches et fraîches



***Pour 4 personnes***
***Préparation : 15 min***
***Cuisson : 40 min environ***

*700 g de blanc de dinde*
*1 gros oignon*
*3 cuil. à soupe d'huile d'arachide*
*1 bâton de cannelle*
*1 cuil. à café de gingembre en poudre*
*1 cuil. à café de cannelle en poudre*
*6 figues fraîches*
*4 figues sèches*
*4 cuil. à soupe de miel*
*2 branches de menthe*
*sel et poivre*

■ Coupez le blanc de dinde en grosses lanières. Épluchez et émincez l'oignon.

■ Dans une cocotte faites revenir les lanières de dinde avec l'huile, l'oignon, le bâton de cannelle, la moitié du gingembre et de la cannelle en poudre, du sel et du poivre. Lorsque que les lanières de dinde sont bien colorées, ajoutez de l'eau afin de couvrir largement la viande et laissez cuire 25 min à feu moyen et à couvert.

■ Pendant ce temps lavez les figues fraîches et sèches. Coupez les figues en 2 dans le sens de la hauteur. Prélevez un peu de sauce dans la cocotte et mettez-la dans une casserole avec les figues sèches et le restant d'épices. Faites cuire à couvert 10 min. Ajoutez les figues fraîches et laissez encore cuire 5 min. Incorporez le miel dans la cocotte et versez délicatement le contenu de la casserole. Prolongez la cuisson 5 min.

■ Saupoudrez de la menthe préalablement ciselée et servez aussitôt.

■ *La figue blanche (à la peau verte et à la chair bien rouge) est plus difficile à trouver que sa sœur à la peau violette. Préparez cette recette avec des figues bien charnues, sans taches ni meurtrissures, quelle que soit leur couleur.*

# Tajine de poulet aux amandes, noix de cajou et oignons

***Pour 4 personnes***
***Préparation : 25 min***
***Cuisson : 45 min environ***
*8 pilons de poulet*
*2 gousses d'ail*
*6 oignons*
*1 céleri-rave*
*3 cuil. à soupe d'huile d'olive*
*2 cuil. à café de curcuma en poudre*
*2 cuil. à café de gingembre en poudre*
*le jus de 1 citron*
*100 g d'amandes mondées*
*100 g de noix de cajou*
*sel et poivre*

■ Épluchez l'ail et les oignons. Coupez les oignons en rondelles et écrasez l'ail. Épluchez le céleri-rave et coupez-le en gros tronçons.

■ Dans une cocotte, faites revenir les oignons dans l'huile pendant 10 min. Ajoutez l'ail et les épices et faites revenir en tournant pendant 2 min avant de poser le céleri-rave sur les oignons. Puis, posez sur le tout les pilons de poulet, versez le jus de citron et 60 cl d'eau ; salez et poivrez.

■ Laissez cuire 25 min à couvert et à feu moyen avant d'ajouter les amandes et les noix de cajou. Poursuivez la cuisson 10 min de plus.

■ Servez bien chaud.

■ *En saison, il vaut mieux utiliser des amandes fraîches pour ce tajine (c'est bien meilleur… mais c'est plus long à préparer, car il faut les décortiquer). Dans ce cas, faites le tajine sans les noix de cajou, mais doublez la quantité d'amandes.*

# Tajine de filet de poulet aux épices



***Pour 4 personnes***
***Préparation : 15 min***
***Cuisson : 45 min environ***
*4 filets de poulet*
*2 oignons rouges*
*12 échalotes*
*3 cuil. à soupe d'huile d'arachide*
*1 cuil. à café de cannelle en poudre*
*1 cuil. à café de cumin en poudre*
*1 cuil. à café de gingembre en poudre*
*1 cuil. à café de coriandre en poudre*
*1 cuil. à café de coriandre en grains*
*1 cuil. à café de poivre noir en grains*
*1 écorce de macis (encadré p. 46)*
*1 pincée de pistils de safran*
*3 clous de girofle*
*1 bâton de cannelle*
*coriandre fraîche*
*sel et poivre*

■ Coupez les filets de poulet en grosses lanières. Épluchez les oignons et les échalotes. Laissez ces dernières entières et coupez les oignons en rondelles.

■ Dans une cocotte, faites revenir les oignons et les échalotes entières dans l'huile pendant 10 min. Versez toutes les épices et mélangez à l'aide d'une cuillère en bois pendant 2 min avant d'ajouter les lanières de poulet. Salez et poivrez. Versez 50 cl d'eau et laissez cuire pendant 30 min à feu moyen, à couvert.

■ Servez bien chaud, saupoudré de coriandre fraîche préalablement ciselée.

■ *Les épices s'achètent facilement déjà moulues mais elles sont bien meilleures et surtout plus parfumées si vous les réduisez en poudre vous-même. Pour cela, utilisez un pilon ou bien broyez-les, juste avant de les utiliser, dans un petit mixeur à herbes.*

# Tajine de pintade aux carottes et fenouil

***Pour 4 personnes***
***Préparation : 25 min***
***Cuisson : 45 min environ***
*1 belle pintade coupée en morceaux*
*3 oignons*
*6 carottes*
*3 fenouils*
*1 cm de gingembre frais*
*1 cuil. à café de gingembre en poudre*
*3 cuil. à soupe d'huile d'olive*
*1 pincée de pistils de safran*
*10 grains de coriandre*
*100 g de raisins secs*
*4 branches de menthe*
*sel et poivre*

■ Épluchez les oignons et coupez-les en rondelles. Épluchez les carottes et détaillez-les en grosses rondelles. Nettoyez les fenouils en coupez-les en 4 dans le sens de la hauteur. Épluchez le gingembre frais et coupez-le en bâtonnets.

■ Dans une cocotte, faites revenir les oignons dans l'huile puis posez par-dessus les carottes, les fenouils et les morceaux de pintade. Ajoutez le gingembre en poudre et le gingembre frais, le safran, la coriandre et les raisins secs. Salez et poivrez. Mouillez d'eau afin de recouvrir la pintade et laissez cuire pendant 40 min à couvert.

■ Servez saupoudré de menthe fraîche préalablement ciselée.

■ *Le safran est probablement l'épice la plus chère qui soit et ce n'est pas étonnant quand on sait qu'il faut 60 000 fleurs pour obtenir 500 g de pistils. Il existe des succédanés comme le carthame (ou safran bâtard), le curcuma (ou safran des Indes) mais ils n'ont pas le même parfum.*

# Tajine de pigeon aux fruits secs

***Pour 4 personnes***
***Préparation : 10 min***
***Cuisson : 45 min environ***
*4 pigeons*
*2 gousses d'ail*
*4 figues sèches*
*4 abricots secs*
*50 g de beurre*
*1 cuil. à café de coriandre en grains*
*1 cuil. à café de cumin en poudre*
*1 étoile de badiane (anis étoilé)*
*4 cuil. à soupe de miel*
*50 g d'amandes mondées*
*50 g de cerneaux de noix*
*50 g de noisettes décortiquées*
*50 g de noix de cajou*
*50 g de raisins secs*
*sel et poivre*

■ Épluchez l'ail et écrasez-le. Coupez les figues et les abricots secs en 4.

■ Dans une cocotte, faites revenir les pigeons dans le beurre quelques minutes. Ajoutez l'ail et laissez encore 1 min avant d'ajouter les épices et le miel. Mélangez et ajoutez les figues et les abricots. Salez et poivrez. Versez 60 cl d'eau et faites cuire 25 min à couvert.

■ Au bout de ce temps, ajoutez les amandes, noix, noisettes et noix de cajou ainsi que les raisins secs. Poursuivez la cuisson pendant encore 15 min.

■ Servez bien chaud.

■ *Le pigeon d'élevage est disponible toute l'année mais sa chair est moins fine et moins goûteuse que celle du pigeon sauvage (pigeon ramier ou palombe) qui n'est commercialisé que pendant la saison de la chasse. Vous en trouverez chez les volaillers ou bien chez votre boucher (à la commande).*

# Tajine de cailles aux pruneaux et pâte de coing



***Pour 4 personnes***
***Préparation : 15 min***
***Cuisson : 45 min environ***

*4 grosses cailles (ou 8 petites)*
*2 oignons*
*1 coing*
*1 cm de gingembre frais*
*100 g de pâte de coing*
*50 g de beurre*
*2 clous de girofle*
*1 bâton de cannelle*
*1 cuil. à café de cannelle en poudre*
*16 pruneaux*
*le jus de 1 citron*
*2 cuil. à soupe de graines de sésame*
*sel et poivre*

■ Épluchez les oignons, le coing et le gingembre, coupez les oignons en rondelles, le coing en gros cubes et le gingembre frais en bâtonnets. Coupez la pâte de coing en petits cubes.

■ Dans une cocotte, faites revenir les oignons dans le beurre jusqu'à ce qu'ils soient tendres. Ajoutez les clous de girofle, la cannelle, le gingembre frais, la pâte de coing, les morceaux de coing et les cailles : mélangez pendant 1 à 2 min. Ajoutez les pruneaux puis mouillez avec le jus de citron et avec de l'eau à hauteur des cailles. Salez et poivrez. Laissez cuire 40 min à feu moyen et à couvert. 10 minutes avant la fin de cuisson, versez les graines de sésame dans la cocotte.

■ Servez bien chaud.

■ *Choisissez une pâte de coing artisanale car elle aura moins de sucre et plus de parfum. Elle ajoute de l'onctuosité et de la douceur à cette recette en renforçant la saveur du coing cuit.*

# Tajine d'artichauts à la tomate et aux fèves

***Pour 4 personnes***
***Préparation : 30 min***
***Cuisson : 40 min***
*8 artichauts poivrade*
*le jus de 1 citron*
*4 tomates*
*200 g de fèves fraîches écossées*
*1 gros oignon*
*2 gousses d'ail*
*5 cuil. à soupe d'huile d'olive*
*1 branchette de fenouil*
*1 étoile de badiane (anis étoilé)*
*sel et poivre*

■ Nettoyez les artichauts (ôtez la tige et le haut des feuilles), coupez-les en 2. Pour que les moitiés d'artichauts ne noircissent pas, placez-les dans un saladier avec le jus de citron et mélangez bien.

■ Plongez rapidement les tomates dans de l'eau bouillante afin de les éplucher puis coupez-les en gros morceaux. Retirez la petite peau des fèves. Épluchez et émincez l'oignon et l'ail.

■ Dans une cocotte, faites revenir l'oignon et l'ail dans l'huile d'olive pendant 5 min à feu moyen en tournant à l'aide d'une cuillère en bois. Ajoutez les tomates, le fenouil, l'anis, du sel et du poivre et 20 cl d'eau froide.

■ Laissez cuire 10 min avant d'ajouter les artichauts et les fèves. Poursuivez la cuisson pendant 25 min en mélangeant de temps en temps.

■ Si le tajine est trop liquide, faites cuire à feu plus vif quelques instants et servez bien chaud.

■ *Pour éviter d'écosser les fèves fraîches et gagner du temps, remplacez-les par des fèves surgelées, faciles à trouver dans le commerce. Les fraîches comme les surgelées sont plus rapides à éplucher (il s'agit de retirer la petite peau verte qui les recouvre) si elles sont plongées quelques instants dans de l'eau bouillante.*

# Tajine aux aubergines, poivrons et cumin



***Pour 4 personnes***
***Préparation : 25 min***
***Cuisson : 45 min environ***

*4 aubergines moyennes*
*2 poivrons (1 rouge et 1 jaune)*
*2 gousses d'ail*
*3 oignons*
*10 cl d'huile d'olive*
*2 cuil. à café de cumin en poudre*
*1 cuil. à café de graines de cumin*
*1 cuil. à café de curcuma en poudre*
*2 cuil. à soupe de persil ciselé*
*gros sel*
*sel et poivre*

■ Nettoyez les aubergines et coupez-les en gros tronçons. Recouvrez-les de gros sel et laissez-les dégorger 1/2 h. Rincez-les et épongez-les avec du papier absorbant.

■ Coupez les poivrons en 2, retirez les graines et le pédoncule puis coupez-les en lanières. Épluchez l'ail et les oignons et détaillez-les en fines rondelles.

■ Dans une cocotte, faites revenir l'oignon et l'ail dans l'huile d'olive chaude. Incorporez les épices et mélangez bien. Ajoutez les aubergines et les lanières de poivron. Mélangez bien et versez 20 cl d'eau. Salez et poivrez.

■ Laissez cuire à couvert 40 min à feu doux en tournant de temps en temps.

■ Servez chaud ou bien très frais et saupoudrez du persil ciselé.

# Tajine de gombos, haricots verts et chou-fleur à la coriandre



***Pour 4 personnes***
***Préparation : 20 min***
***Cuisson : 35 min environ***
*300 g de gombos*
*1 gros oignon*
*200 g de haricots verts*
*1/2 chou-fleur*
*5 cuil. à soupe d'huile d'arachide*
*1 cuil. à café de coriandre en poudre*
*1 cuil. à café de coriandre en grains*
*1 bouquet de coriandre fraîche*
*sel et poivre*

■ Lavez puis coupez l'extrémité des gombos. Épluchez et coupez l'oignon en 2 puis en rondelles. Équeutez les haricots verts. Détaillez le chou-fleur en petits bouquets.

■ Dans une cocotte, faites revenir l'oignon dans l'huile chaude. Ajoutez la coriandre en grains et en poudre ainsi que la moitié du bouquet de coriandre fraîche (avec les tiges). Faites revenir en remuant pendant 3 min avant d'ajouter les légumes. Mélangez bien et versez 40 cl d'eau. Salez et poivrez.

■ Faites cuire à couvert 25 min. Au bout de ce temps, retirez le couvercle, et laissez réduire la sauce pendant quelques minutes à feu vif.

■ Saupoudrez de la coriandre restante préalablement ciselée et servez bien chaud.

■ *Le gombo est un légume utilisé dans des régions très différentes les unes des autres : de la Louisiane au Maghreb, de l'Afrique noire aux Antilles. Il est meilleur acheté frais plutôt qu'en conserve car, dans ce cas, il devient un peu visqueux. Dans cette recette, on peut faire blanchir les gombos dans de l'eau bouillante et salée pendant 2 min puis les ajouter dans la cocotte 5 min avant la fin de cuisson.*

# Tajine de carottes et pois chiches aux raisins secs

***Pour 4 personnes***
***Préparation : 15 min***
***Cuisson : 40 min environ***
*1 kg de carottes*
*3 gousses d'ail*
*2 gros oignons*
*1 grosse boîte de pois chiches au naturel*
*10 cl d'huile d'olive*
*1 cuil. à soupe de coriandre en grains écrasés*
*1 cuil. à soupe de cumin en poudre*
*1 bâton de cannelle*
*50 g de poudre d'amande*
*4 cuil. à soupe de miel (de romarin de préférence)*
*100 g de raisins secs*
*persil, plat de préférence*
*sel et poivre*

■ Épluchez les carottes, l'ail et les oignons. Coupez les carottes en rondelles et ciselez les oignons et l'ail. Égouttez les pois chiches puis rincez-les.

■ Dans une cocotte, faites revenir les oignons et l'ail avec l'huile d'olive. Ajoutez les épices, la poudre d'amande, les carottes, le miel et les raisins secs et mélangez pendant 5 min avec une cuillère en bois. Versez 30 cl d'eau froide, du sel et du poivre et faites cuire 30 min à feu moyen, à couvert.

■ 10 min avant la fin de la cuisson, ajoutez dans la cocotte les pois chiches. Si le tajine est trop liquide, faites réduire à feu vif.

■ Servez chaud ou, encore mieux, très froid et saupoudrez de persil préalablement haché.

# Tajine de navets aux dattes

***Pour 4 personnes***
***Préparation : 20 min***
***Cuisson : 40 min environ***
*1 kg de petits navets primeurs (avec leurs feuilles)*
*4 gros oignons*
*200 g de dattes*
*10 cl d'huile d'arachide*
*1 cuil. à café de gingembre en poudre*
*1 cuil. à café de cannelle en poudre*
*1 cuil. à café de coriandre en poudre*
*2 clous de girofle*
*100 g de pignons*
*1 grosse cuil. à soupe de cerfeuil ciselé*
*sel et poivre*

■ Épluchez les navets en leur laissant un petit bout de queue et coupez-les en 2. Épluchez et ciselez les oignons. Coupez les dattes en 2 et retirez le noyau.

■ Dans une cocotte, faites revenir les oignons avec l'huile puis ajoutez les épices. Faites revenir les navets 5 min dans ce mélange en tournant avec une cuillère en bois puis ajoutez les dattes, les pignons et 30 cl d'eau froide. Salez, poivrez et faites cuire à couvert 30 min à feu moyen.

■ Servez chaud, saupoudré de cerfeuil.

■ *En France, les dattes sont presque toujours utilisées séchées et on les trouve rarement fraîches dans le commerce (sauf dans les petites épiceries orientales). Ici la recette est conçue avec des dattes séchées mais bien moelleuses.*

# Tajine de fenouils aux cœurs de céleri et safran

***Pour 4 personnes***
***Préparation : 20 min***
***Cuisson : 35 min environ***
*4 fenouils*
*2 gros céleris-branches*
*4 carottes*
*1 gros oignon*
*10 cl d'huile d'arachide*
*2 pincées de pistils de safran*
*1 cuil. à soupe de piment doux en poudre*
*1 cuil. à café de gingembre en poudre*
*le jus de 1 citron*
*2 cuil. à soupe de persil plat (de préférence haché)*
*sel et poivre*

■ Retirez un peu de tiges aux fenouils et coupez-les en 4. Coupez les tiges des céleris-branches à environ 10 cm du cœur et coupez-les en 2. Épluchez les carottes et coupez-les en tronçons d'environ 3 cm. Épluchez l'oignon et ciselez-le.

■ Dans une cocotte, faites revenir l'oignon dans l'huile puis ajoutez les épices. Mélangez bien et laissez cuire doucement 5 min. Ajoutez les morceaux de fenouils, de céleris-branches et de carottes, mélangez bien puis versez 40 cl d'eau et le jus du citron. Laissez réduire et cuire à couvert pendant 25 min après avoir salé et poivré.

■ Servez bien chaud et saupoudré de persil, avec une viande grillée, par exemple.

■ *Gardez les tiges des fenouils, coupez-les en 2 dans le sens de la longueur et ajoutez-les à une grande carafe d'eau que vous placerez au réfrigérateur. Servez cette eau parfumée avec vos tajines.*

# Tajine de potiron, coing et patate douce



***Pour 4 personnes***
***Préparation : 25 min***
***Cuisson : 45 min environ***
*500 g de potiron*
*2 coings*
*2 patates douces moyennes*
*1 gros oignon*
*10 cl d'huile d'arachide*
*2 clous de girofle*
*2 bâtons de cannelle*
*1 écorce de macis (encadré p. 46)*
*1 branchette de thym*
*4 cuil. à soupe de miel*
*le jus de 1 citron*
*100 g d'amandes effilées*
*1 citron confit (en épicerie fine)*
*2 cuil. à soupe de coriandre fraîche ciselée*
*sel et poivre*

■ Épluchez le potiron, les coings, les patates douces et l'oignon. Coupez le potiron, les coings et les patates douces en gros tronçons. Ciselez l'oignon.

■ Dans une cocotte, faites revenir l'oignon dans l'huile. Ajoutez les clous de girofle, la cannelle, le macis, le thym et le miel. Mélangez et laissez revenir doucement 5 min avant d'ajouter 30 cl d'eau froide et le jus de citron. Salez et poivrez. Laissez cuire 10 min à feu moyen. Au bout de ce temps, ajoutez les légumes, baissez le feu et laissez cuire 25 min.

■ 10 min avant la fin de cuisson, incorporez les amandes effilées et le citron confit préalablement coupé en 4.

■ Servez bien chaud, saupoudré de la coriandre ciselée.

■ *En France, nous avons tendance à n'utiliser le coing que pour la compote, la gelée et la pâte. Ce fruit délicieux peut être accommodé en légumes, comme dans ce tajine, mais aussi pour accompagner le canard, l'agneau rôti aux épices, les coquilles Saint-Jacques. On peut le rôtir au four avec des fruits secs ou le proposer en compote avec le boudin.*

# Tajine aux mendiants et fleur d'oranger

***Pour 4 personnes***
***Préparation : 15 min***
***Cuisson : 30 min***
*8 figues sèches*
*15 cl d'eau de fleur d'oranger*
*4 cuil. à soupe de miel*
*le jus de 1 citron jaune*
*le jus de 1 citron vert*
*150 g de raisins de Malaga*
*100 g d'amandes mondées*
*150 g de noisettes décortiquées*
*100 g d'amandes effilées*
*1 cuil. à café de zeste de citron jaune*
*quelques fleurs d'oranger pour le décor (facultatif)*

■ Coupez les figues en 4. Dans une cocotte, mélangez l'eau de fleur d'oranger avec le miel, le jus des citrons jaune et vert et ajoutez les quartiers de figues ainsi que 20 cl d'eau froide. Faites cuire à couvert 15 min à feu moyen. Ajoutez les raisins secs, les amandes mondées et les noisettes et poursuivez la cuisson pendant 15 min.

■ 5 min avant la fin de cuisson, versez dans la cocotte les amandes effilées et le zeste de citron.

■ Servez chaud avec de la crème glacée ou placez au réfrigérateur plusieurs heures et servez très frais, décoré de fleurs d'oranger.

■ *L'eau de fleur d'oranger se trouve dans tous les supermarchés mais l'idéal est de l'acheter dans une épicerie orientale ou dans une épicerie fine. Vous y trouverez des produits plus onéreux mais tellement plus parfumés.*

# Tajine de potiron aux amandes et au miel

***Pour 4 personnes***
***Préparation : 15 min***
***Cuisson : 25 min***
*1 tranche de 800 g de potiron*
*le jus de 1 citron*
*5 cuil. à soupe de miel*
*1 bâton de cannelle*
*1 clou de girofle*
*1 éclat d'étoile de badiane (anis étoilé)*
*quelques tours de moulin à poivre*
*150 g d'amandes effilées*
*feuilles de menthe fraîche*

■ Épluchez le potiron et coupez-le en gros cubes.

■ Dans une cocotte, mélangez le jus de citron avec le miel, la cannelle, le girofle, l'anis, le poivre et faites cuire 5 min. Ajoutez les cubes de potiron, versez 30 cl d'eau froide et mélangez délicatement. Poursuivez la cuisson pendant 20 min à couvert. Le potiron doit être moelleux sans se défaire.

■ 5 min avant la fin de cuisson, incorporez les amandes effilées.

■ Disposez ce tajine dans un plat de service et décorez de feuilles de menthe fraîche.

■ *La consistance et la saveur du miel varient selon les fleurs que butinent les abeilles. Vous pouvez, dans cette recette, choisir un miel très parfumé comme celui de l'eucalyptus, du romarin ou de l'oranger.*

# Tajine de cerises à la verveine

***Pour 4 personnes***
***Préparation : 10 min***
***Cuisson : 30 min***
*700 g de cerises pas trop mûres*
*20 feuilles de verveine (fraîche de préférence)*
*5 cuil. à soupe de sirop de canne (épicerie fine)*
*50 g de poudre de noisette*
*bouquet de verveine fraîche pour le décor (facultatif)*



■ Lavez puis équeutez les cerises. Faites bouillir les feuilles de verveine avec 40 cl d'eau pendant 3 min puis laissez infuser à couvert.

■ Dans une cocotte, versez l'infusion de verveine filtrée ainsi que le sirop de canne et la poudre de noisette. Portez à ébullition et laissez réduire pendant 20 min sur feu moyen, à couvert.

■ Au bout de ce temps, ajoutez les cerises et laissez encore cuire 10 min, toujours à couvert.

■ Servez chaud et décorez de verveine.

■ *Choisissez des cerises bien fermes, comme les summits ou les reverchons et même les napoléons, qui ne s'écraseront pas trop à la cuisson. On peut imaginer d'utiliser également des cerises sauvages ou bien les guignes et les griottes qui donneront un petit goût acidulé et original.*

# Tajine de pêches au citron

***Pour 4 personnes***
***Préparation : 20 min***
***Cuisson : 25 min environ***
*6 pêches*
*1 cuil. à soupe de fleurs de lavande (herboristerie)*
*1 citron entier non traité*
*5 cuil. à soupe de miel de citronnier*
*2 clous de girofle*
*le jus de 1 citron*
*100 g de pignons de pin*



■ Coupez les pêches en 2, épluchez-les et retirez les noyaux. Faites infuser les fleurs de lavande dans 40 cl d'eau bouillante pendant 15 min puis passez l'infusion dans une passoire. Coupez le citron entier en rondelles.

■ Dans une cocotte, faites fondre le miel avec les clous de girofle. Versez l'infusion de lavande, ajoutez les moitiés de pêche, le jus et les rondelles de citron. Laissez cuire 20 min à couvert puis ajoutez les pignons. Prolongez la cuisson encore 5 min.

■ Servez chaud avec de la crème glacée ou très froid avec une crème chaude à la lavande.

■ *La lavande est de plus en plus utilisée dans la cuisine aussi bien salée (lapin à la lavande, par exemple) que sucrée. Elle est bien plus parfumée sèche que fraîche et aussi puissante que le romarin. Attention à ne pas trop en mettre dans vos plats. Plus ne veut pas dire meilleur dans le cas de la lavande !*

# Tajine de figues fraîches et dattes



***Pour 4 personnes***
***Préparation : 15 min***
***Cuisson : 25 min environ***
*16 figues pas trop mûres*
*1 cuil. à café de thym émietté*
*12 dattes*
*5 cuil. à soupe de sirop d'érable*
*le jus de 1 citron*
*1/2 cuil. à café de gingembre en poudre*

■ Faites bouillir le thym dans 40 cl d'eau pendant 2 min, laissez infuser 10 min à couvert puis filtrez.

■ Faites une entaille en croix d'environ 1 cm sur le haut des figues. Coupez les dattes en 2 et retirez le noyau.

■ Dans une cocotte, faites fondre le sirop d'érable avec le jus de citron, le gingembre en poudre et les dattes. Versez l'infusion de thym et laissez réduire 10 min. Plongez ensuite les figues dans la cocotte et laissez cuire à couvert 15 à 20 min à feu doux. Les figues ne doivent pas se défaire.

■ Servez chaud ou très froid.

■ *Servez ce tajine avec de la semoule pour couscous cuite dans un peu de lait sucré, agrémenté de tout petits cubes de dattes.*

# Tajine de bananes à l'orange

***Pour 4 personnes***
***Préparation : 15 min***
***Macération : 20 min***
***Cuisson : 30 min environ***
*6 bananes*
*le jus de 1 citron*
*1 cuil. à café de cannelle en poudre*
*4 oranges à jus*
*5 cuil. à soupe de sucre brun*
*1 cuil. à soupe d'eau de fleur d'oranger*
*1 bâton de cannelle*
*2 éclats d'étoile de badiane (anis étoilé)*
*quelques feuilles de menthe*

■ Épluchez les bananes, coupez-les en gros tronçons et placez-les avec le jus de citron et la cannelle en poudre dans un bol. Mélangez et laissez macérer 20 min.

■ Pressez les oranges et versez le jus dans une cocotte. Ajoutez le sucre brun, la fleur d'oranger, le bâton de cannelle et l'anis étoilé. Portez à ébullition et laissez réduire pendant 15 min à couvert.

■ Au bout de ce temps, ajoutez les bananes et le jus de macération dans la cocotte. Poursuivez la cuisson pendant 15 min environ, toujours à couvert. Les bananes doivent être tendres sans se défaire.

■ Servez chaud, décoré de feuilles de menthe.

■ *Vous pouvez utiliser, pour ce dessert, des petites bananes appelées « figues » ou « freysinettes » qui sont plus fermes et plus sucrées que les bananes classiques. Dans ce cas, laissez-les entières et faites-les cuire un peu plus.*

# Tajine de petites poires à la compotée de figues

***Pour 4 personnes***
***Préparation : 20 min***
***Cuisson : 35 min***
*12 à 16 petites poires de jardin*
*8 figues fraîches*
*100 g de cerneaux de noix*
*50 g de beurre*
*quelques pistils de safran*
*2 clous de girofle*
*1 bâton de cannelle*
*le jus de 2 citrons*
*10 cl d'eau de fleur d'oranger*
*10 cl de sirop de canne*

■ Lavez les poires et épluchez-les en leur laissant la queue. Coupez les figues en 4. Hachez grossièrement les noix.

■ Dans une cocotte, faites fondre le beurre puis ajoutez les figues. Faites cuire doucement pendant 5 min, en remuant. Ajoutez les épices, les noix puis versez le jus de citron, l'eau de fleur d'oranger et le sirop de canne. Mélangez et laissez cuire 5 min à couvert.

■ Placez les poires dans la cocotte avec 20 cl d'eau. Faites cuire 25 min à feu doux et à couvert.

■ Au bout de ce temps, si la compotée est trop liquide, retirez le couvercle et faites réduire à feu plus vif.

■ Servez chaud avec une glace à la cannelle, par exemple.

# Tajine de pommes à la rose

***Pour 4 personnes***
***Préparation : 15 min***
***Cuisson : 20 min environ***
*6 pommes à cuire*
*10 boutons de rose (épicerie fine ou herboristerie)*
*30 g de beurre*
*8 cuil. à soupe de miel*
*2 cuil. à café de cannelle en poudre*
*le jus de 1/2 citron*
*10 cl d'eau de rose (épicerie orientale)*

■ Faites bouillir 10 cl d'eau et plongez-y les boutons de rose. Hors du feu, faites infuser à couvert pendant 10 min. Filtrez.

■ Épluchez les pommes, coupez-les en 4 et retirez les pépins.

■ Dans une cocotte, faites fondre le beurre et faites-y revenir les quartiers de pommes quelques minutes. Ajoutez le miel, la cannelle et le jus de citron. Laissez les pommes s'imprégner de ce mélange. Versez dans la cocotte l'eau de rose et l'infusion de rose. Faites cuire à feu moyen sans couvrir environ 15 min. Les pommes doivent être moelleuses mais ne pas se défaire.

■ Servez chaud.

■ *Achetez de l'eau de rose et des boutons de rose dans une épicerie fine ou dans une épicerie orientale qui ont des produits de meilleure qualité. Vous pouvez également utiliser des boutons de rose frais mais cueillis à la dernière minute pour en garder tout le parfum.*

# Index des recettes

**A-B**
Artichauts à la tomate et aux fèves (Tajine d') 64
Aubergines, poivrons et cumin (Tajine aux) 66
Bananes à l'orange (Tajine de) 88
Bar aux petits pois (Tajine de) 18
Blanc de seiche aux fèves fraîches (Tajine de) 22

**C-D**
Cailles aux pruneaux et pâte de coing (Tajine de) 62
Carottes et pois chiches aux raisins secs (Tajine de) 70
Cerises à la verveine (Tajine de) 82
Collier d'agneau à la menthe et courgettes (Tajine de) 36
Collier d'agneau aux petits pois et patates douces (Tajine de) 48
Coquilles Saint-Jacques au miel (Tajine de) 32
Daurade au fenouil et céleri (Tajine de) 16
Dinde aux figues sèches et fraîches (Tajine de) 52

**E-F**
Épaule d'agneau à la sauge (Tajine d') 38
Épaule d'agneau aux flageolets (Tajine d') 40
Espadon aux tomates et aux poivrons (Tajine d') 24
Fenouils aux cœurs de céleri et safran (Tajine de) 74
Figues fraîches et dattes (Tajine de) 86
Filet de poulet aux épices (Tajine de) 56

**G-J-K**
Gombos, haricots verts et chou-fleur à la coriandre (Tajine de) 68
Jarret de veau à la tomate et au citron confit (Tajine de) 44
Kefta aux pommes de terre, tomates et marjolaine (Tajine de) 50

**L-M**
Lotte au citron confit et artichauts (Tajine de) 34
Mendiants et fleur d'oranger (Tajine aux) 78
Mérou aux pommes de terre (Tajine de) 20
Mulet aux carottes et cumin (Tajine de) 26

**N-P**
Navets aux dattes (Tajine de) 72
Paleron de bœuf, gombos et curcuma (Tajine de) 46
Palourdes au citron confit (Tajine de) 30
Pêches au citron (Tajine de) 84
Petites poires à la compotée de figues (Tajine de) 90
Pigeon aux fruits secs (Tajine de) 60
Pintade aux carottes et fenouil (Tajine de) 58
Pommes à la rose (Tajine de) 92
Potiron aux amandes et au miel (Tajine de) 80
Potiron, coing et patate douce (Tajine de) 76
Poulet aux amandes, noix de cajou et oignons (Tajine de) 54

**T**
Tendron de veau aux grains de carvi, fenouil et mange-tout (Tajine de) 42
Thon aux épices (Tajine de) 28

TEFAL
Tajine
max
0

## Remerciements

L'auteur remercie Myriam
(Le Petit Souk, 86 rue de Patay, 75013 Paris)
ainsi que Dominique Dreyfus pour son aide compétente.

Delphine Brunet remercie ses parents de lui avoir prêté leurs beaux objets venus d'ailleurs ainsi que sa tante et sa boutique l'Entropo. Elle remercie également Bab Salem, Gracieuse Orient, Namasté, L'Entrepôt, Tohu Bohu, Emery & Cie, Nomad's Land et le Cèdre Rouge pour leur chaleureuse collaboration. Elle tient aussi à rendre hommage à sa grand-mère tunisienne et à sa mère qui ont su lui transmettre le goût d'une cuisine inventive et spontanée.

L'éditeur remercie Hortense Jablonski pour son aide précieuse.


## Crédits photographiques

Toutes les photographies de cet ouvrage sont de Éric Fénot sauf les suivantes : p. 4 (Hachette Livre) ; pp. 5, 6, 11, 12 (Matthieu Csech).


Direction : Stephen Bateman et Pierre-Jean Fure
Responsable éditoriale : Brigitte Éveno
Direction artistique : Marc Walter – Chine
Réalisation : Florence Cailly – Chine
Suivi éditorial : Catherine Donzel
Correction : Marie-Charlotte Buch-Müller





Photogravure : Euresys
Imprimé en Italie par De Agostini
Dépôt légal : avril 2004
23-27-6869-01-04
ISBN : 2-01-23-6869-7